Made in the USA
Middletown, DE
16 December 2019

80858903R00062